JN410092

꽃 피는 강

꽃 피는 강

지은이 | 성영희 · 김옥희 · 손태균 · 강경자 · 이기훈 · 곽홍란

초판발행 | 2020년 12월 23일

펴낸이 | 신중현
펴낸곳 | 도서출판 학이사
출판등록 | 제25100-2005-28호
대구광역시 달서구 문화회관11안길 22-1(장동)
전화_(053) 554-3431, 3432 팩시밀리_(053) 554-3433
홈페이지_http://www.학이사.kr
이메일_hes3431@naver.com

ISBN_979-11-5854-282-5 03810

꽃 피는 강

성영희 · 김옥희 · 손태균
강경자 · 이기훈 · 곽홍란

學而思 | 학이사

책 머리에

시,
소화제인가 안정제인가

원하지도 않았건만
이 거친 세상에 던져져

머나먼 길 굽이돌며
산 넘고 강 건너다
맺힌 한 너무 많아
죽으면 썩지도 못할 것 같았는데

느지막이
브레히트Bertolt Brecht 가 데려다준
노을강 언덕배기에 핀
매향에 취해
살찐 누에 비단실 뽑어내듯
한 구절, 두 구절 토해내니
후련하다

비록
서툰 가락일지라도

2020년 12월
손태균 「서시」 전문

차례

김옥희

내 마음의 꽃다발

손태균

꽃을 위한 서시

강경자

또 다른 시작

이기훈

꽃보다 시

곽홍란

내 삶의 가장 아름다운, 지금

성 영 희

그리운 것으로부터의 香

한국의 장정壯丁이자 가족에게는 듬직한 남편, 자애로운 아버지였던 성 · 병 · 룡成炳龍, 내 아버지는 태평양전쟁, 한국전쟁(6.25동란) 총알받이로 끌려다니다 부상을 입고 하사로 의병제대하였지만, 중공군 개입 전에 다시 이병으로 차출되어 온갖 수모를 겪으신 아버지의 빼저린 눈빛, 소식 차마 다 받아적지 못한 글월 영전에 올리며 때늦은 용서를 받아주시옵고 그곳에서의 평안을 기원드립니다.

· 노을강시학 신인상(2016)
· 올해의 맛있는 시 작품상(2017)
· 육필시집『그리운 것으로부터의 香』 외 9권
· 6인시집『꽃 피는 강』
· 국제펜한국대구지역위원회원
· 대구광역시북구문인협회원
· 노을강시학 동인

내 영혼의 보석상자 성영희 육필시집

입춘첩立春牒

마음속 천불
ㅎ · ㅎ · ㅎ 일렁거려
뜬 눈으로 지새던 삼경
바람, 바람, 바람이 분다

입춘도 스무하루가 더 지났는데
바람꽃 따라 펑펑 쏟아지는 함박눈
창문 열어젖히니
싸늘한 바람이 따귀를 때린다

시커먼 천지
희디흰 눈이 만드는 또 다른 여백

캄캄한 어둠 뚫고
나에게로 온 이국의 시인
다시 시작하라고
시작은 시작詩作이라고
거울 속 눈물을 닦아준다

꽃, 제라늄

생가지 하나
뚝 부러져
척박한 모래땅에 몸을 묻고
속울음만 울었다

타오르는 목마름으로
애끓는 간절함으로
죽어야 사는 것이라고,

포기와 무심
꼬깃꼬깃 딱지로 접으며
하늘에 올리던
하 많은 언어

황사가 휩쓸고 간
봄날의 새벽

누가 보내셨을까
저, 새빨간 눈인사의 화답

가을 이서국伊西國

옛말에
나라님께 올렸다는 청도반시

서릿발 내리는 한로 무렵
감나무 옷 벗고 알몸 들어낸다
뒷곁 장대 오꼼 일어나
하늘 향해 춤추면
마을은 온통 잔치판이다

바람에 언 볼, 햇살에 환이 속 비치는
저 우듬지 감은 까막까치 몫
하늘 이고 사는 미물까지
모두 한 식구

한내천 즈믄 강을 건너온 먼 소리
붉은 꽃밭되어 단내가 난다

바다가 그리운 우포

태고의 어느 날
내 할아버지의 할아버지를 찾아
상강 무렵 우포는
늪이 아니었다

뭍이었다가 물이었다가
물이었다가 뭍이 되는 땅
왕버들 내버들 물억새 갈대
키 재기 하는데
햇살은 저 혼자 눈부시다

바다가 그리운 우포
꾸두둑
신시申時에 물닭이 울고있다

아기새의 눈물

아기새 주둥이가 붉다

일본, 중공, 한국군 총알받이로
코뚜레 당한 어린 생명
끌려 다니던 전쟁터

격동의 모진 세월에
갈갈이 찢긴
아버지의 상처가
잠들어있다

한마디 외침 없이
한 치의 억울함 없이
꽃비 맞으며 계신 내 아버지

아기새 목소리가 붉다

아버지의 훈장

살아서 돌아와 고마운 내 아버지

발 디딘 곳마다 주검 투성이었지
피 진창 비린내 속에서
파편 박힌 내손으로
수습한 시체 수도 셀 수 없다

삼팔선 최초로 돌파한 백골부대라고
평생 자랑으로 여겼지만
늘 악몽 같은 환영에 시달렸다

때때로 이유모를 광폭함에
당신의 훈장이던
자식들도 곁을 주지 않아
외롭고 황폐했을 그 마음
가신지 십수 년 지난 지금에사
내 가슴에 가시로 박혀
묘비 쓰다듬으면서 눈물짓는다

어머니의 외출

어머니가 쭈그려 앉아 있었다

삼정골 730번 버스 종점 꽃잎 진 벚나무 아래
새까맣게 얼굴 탄 젊은 여인이 펼쳐놓은 좌판
찌그러진 양은 다라이 고디가 그득하다

골수 파고 자리 잡은 병
이름난 의사도 손 놓아버렸지
혀가 까끄러워 밥알이 모래알 같다던 엄마
부추 넣은 고디탕은 참 달게 드셨네

어미 속 다 파먹고도
허기져 혀 빼물고 거품만 버글거리는 새끼들
고물고물 밖으로 기어나가면
그제 사 강물에 둥둥 떠내려간다는
빈껍데기 어미

울 엄마도 그랬다
아들 셋, 딸 둘 잘 키워 세상에 우뚝 내어놓고

텅 빈 몸 두고 훌훌 떠나가시더니
먼 길 어떻게 오셨을까

찌그러진 양은 다라이
바글거리는 고디 거품 속
이리저리 쓸리는
빈 껍데기 엄마

소래 곽씨郭氏 조모 전傳

다섯 남매 맏외손녀
애미 사랑 고플세라
애지중지 다독이시던
소래 곽씨 외할머니

손녀 혼인첩 받아든 날
마디 굽은 두 손 모아
장독대 정화수 올려놓고
달님께 빌고 비시었네

남의 눈에 꽃이 되고
남의 코에 꽃내 되고
앉은 자리 꽃밭 되고
걸음걸음 꽃길 되라

서리 내린 시월 새벽
그리 급히 가시더니
꿈속으로 찾아와서
시린 어깨 다독이네

떠나신지 마흔 해
강산이 바뀌어도
비나리는 되살아나
꽃비 되고 햇살 되네

봄, 경자庚子

사월 다 지나도록 도시는 회색이다

산동백 저 혼자 붉어 민망한지 히죽대다가
툭, 땅으로 내려와 뒹군다

마스크 · 장갑 · 모자로 덧씌워 스스로 염殮한 사람들
눈빛마저 싸늘하게 식어버렸다
시뻘건 경고등 켜진 일상에 지쳐
연노랑 원피스 장롱 속에 쳐 박아 버렸다

경자의 봄
흐늘흐늘 휘청거리며 지나간다

가시나무새 헌시

아버지 목소리가 쉬었다

먼 길 사흘 앞두고
흔들리는 정신 한 가닥 붙잡고
허리 곧추세워 앉으셨다

엄마 엄마 우리 엄마
독 같은 나를 업고
오뉴월 한더위에
보리방아로 나를 먹이셨지

여든 훌쩍 넘겨서야
일곱 살 외아들 남겨둔 채
꽃상여 타고가신 어미께 바치던
가시나무새의 피맺힌 헌시

밀양강 언어가 되셨는지
그리운 손잡고 꽃놀이 오셨는지
덩실덩실 춤추며 흐르는 물결
푸른 바람이 밀고 간다

시작노트

엉킨 실타래로 지나간 것
후회와 회한으로 수시로 무너지는 벽 같은 것
마음만 부여잡고 지샐 즈음 봄이 왔다는 전언,

남녘 보물섬 진도를 찾아 떠났다
멀쩡하던 하늘에 히끗히끗 눈발 비치더니
지리산휴게소 지날 무렵
떡시루 엎듯 쏟아지는 함박눈
천지는 하얀 도화지였다

코비드가 대구를 덮쳤다는
대구를 봉쇄한다는 기막힌 뉴스
삼박사일 여행 중 특산품 가게에서
나는 흉측한 벌레가 되었다

경상도사투리에 흘깃거리며 나를 피하는 사람들
그날 광주 발 대구 착 고속버스에는
아무도 타지 않았다 나만 있었다.

아무 탈없이 지금도 시를 쓰고 있는 나,
내가 백신인 걸 그들은 알까?

김 옥 희

내 마음의 꽃다발

퇴임 후 열정의 끈을 놓을 수도 있었는데, 꾸준히 삶을 개척할 수 있도록 응원해 준 남편 김기덕 선생께 감사드립니다.

- 노을강시학 신인상(2017)
- 올해의 맛있는 시 작품상(2018)
- 육필시집 『내 마음의 꽃다발』 외 9권, 6인시집 『꽃 피는 강』
- 국제펜한국대구지역위원회, 대구광역시북구문인협회원, 노을강시학 동인
- 안동교대, 대구교대 졸업, 40여 년의 교직 퇴임 후 지금은 노을 꽃밭지기 시인의 삶을 가꾸고 있다.

내 영혼의 보석상자 김옥희 육필시집

서시

주름진 씨앗 하나 주머니 속 싹이 트면
조각조각 살아나는 단어와 리듬 사냥
스위치 단추 누르면 괴물이 솟구친다

단단한 생각 근육 얼기설기 각인하며
눈 맑은 시인의 길 싸목싸목 따라간다
빈 창고 어눌한 언어 쓰다듬고 다독이며

쓰잘데기 없는 짓으로 빈도랑 가제 찾듯
괴물이 사는 연못에 봇물 터질 때까지
낯설고 기이한 세상 설익은 시 한 줄 캔다

아이언 킹 테드 휴즈가 다녀간 것일까
만지고 바라보고 더불어 살아가라
매운 손 맞서 싸운다, 오늘부터 詩作이다

왕버들 백서

성주 경산리 성밖에
오백 년을 견딘 왕버들숲
엿가락 인양 이리저리 어울려
회색 하늘 덮었다

가는 길 막지 않고 오는 길은 열어주며
하늘에다 꼬불꼬불 오솔길 내고
어깨 닿을 듯 말 듯 수줍은 듯
청천을 나누어 가졌다

굵은 팔뚝에 둥지 튼 초록이끼
그 아래 키 낮은 맥문동 연보라꽃
바람이 와 머리 쓸고 간다

낯선 코로나 마스크에 덮인 너와 나에게
생을 위한 거리 두기는
피해갈 수 없는 순명인걸 어찌 알았을까

고통의 긴 세월 묵묵히 견뎌온
왕버들이 하얀 묵시록을 읽는다

봄, 입이 없다

그대 오신다는 소식이 왔다
그림이 아니라
버선발로 맞이하고 싶었다

생강나무 산수유가 앞서고
너도바람꽃 제비꽃도
뒤따라 온다고 했다
모르는 척 마음만 받겠다고 했다

코로나에 놀란 봄
각자의 방에 갇혀 안절부절 서성인다
텅 빈 도로에 마스크 사려는 긴 행렬
끝이 보이지 않는 날들에 지쳐
풀처럼 누워있던 날

황색 냉이꽃의 말에 귀 기울인다
봄은 언젠가는 돌아온다는

잔인한 3월의 어느 오후

여우 사냥

도마뱀 잡아채듯 공중에 튀어 올라
세상을 움켜쥐고 수직으로 내리꽂았다
덮치고 낚아챈 여우 길들이고 싶었다

어둠의 모래벌판 빛나는 두 눈동자
황갈색 발바닥에 북극성 되새기며
사막의 추위와 폭염 즐기는 페넥여우

커다란 귓 바람과 모래의 말을 듣고
온 우주 모험의 세계 우물에 빠져든다
괴물은 안달 부리다 두 발로 뛰어오른다

화사한 웃음으로 레드카펫 꿈꾸는지
긴 밤 지나 새벽이 뒤척이며 오는데
끝없는 곰의 자손이 절뚝이며 돌아눕는다

한티 가는 길

한국의 산티아고길
해질녘에 걸었네
혼자이면서 함께 걷는 길

이름 모르는 들꽃같이 잉걸불같이
한으로 피어나는 옹이 조각들

십자가의 길
조금씩 내려놓고 걷는데
옹졸한 가슴에
담을 것도 많고
버릴 것도 많아
고요하던 돌절구에
물결이 일렁인다

집에 왔는데
마음이 아직 오지 않았다
하루 또 하루가 흘러가는데
마음이 담을 넘지 못했다

꽃무릇

불갑산 골골마다 핏빛이
기다림으로 물들었다

피 토하며 가슴 치며
참아낸 사랑
불꽃으로 번지고 번지고

그리움으로 살아가는 사람
노을로 타 오르는 꽃무릇

도솔암 골짜기 활활 태우는
나의 심장 활활 태우는

무릇, 이쯤은 되어야 꽃이지
무릇, 이쯤은 되어야 생이지

모다깃비*

바람에 놀란 비가 온몸을 휘갈긴다
뭇매로 내리치듯 지붕을 두들기는
천장의 화난 목소리 매섭게 울부짖는다

수 없이 올라오는 욕심의 끈질김
시간을 비웃듯이 비껴가는 돌팔매
낱낱이 부서진 조각 허공을 떠돈다

불 꺼진 가로등 밑 떨고 있는 잿비둘기
부러진 날개깃에 진물 든 발 움츠린다
뚝 잘린 새끼발가락 검은 빗물 고인다

모다깃비 그치는 날 햇살이 찾아들면
새들은 퍼덕인다 초록이 푸릇 살아온다
메마른 바람의 들판 휘적시며 온다

* 모다깃비: 뭇매를 치듯이 세차게 내리는 비

강물처럼 흐르는

붉게 흐른다, 폭暴

온 지구를 휩쓸고 다니는 코로나, 暴
도시를 허옇게 덮은 마스크, 暴
이상 기후가 데리고 온 쉰 나흐레의 긴 장마, 暴
집 잃은 사람 주인 잃은 집의 통곡, 暴
기이한 행렬이 허기를 삼킨다

물 폭탄 그치고 내리꽂는 붉은 태양, 暴
남태평양에서 내 달려온 태풍 하이선, 暴

폭, 폭, 폭이 부추 켰는지
다시 일어나는 코로나, 暴
사장이 직원에게 갑이 을에게
마스크 폭, 언어 폭, 난폭한 행동 暴

세상 살기 힘든 날은 강변을 걷는다
출렁출렁 흐르면서도 폭 폭 손나발 부는
저 강물 목이 쉬어 흐른다

시월 두물머리

나루터 위로 물안개 피는 양평 두물머리
듬직한 느티 등대는 나그네 불러들이고
꽃대만 남긴 연밭에 까만 오리 헤엄친다

남쪽 들녘 지나온 물
북쪽 산골 흘러온 물
서로 사랑하고 미움도 하는 것이라며
얼싸안고 한 몸 되어 흐른다

사십 년 세월 비바람 헤치며 살아온
종심의 남자와 물길 열려
한뿌리 한 나무로 인연 맺어
샘물 같은 웃음으로 바다를 기다린다

어린나무 키워 멀리 보내고
구순의 도서관 한 채와 하늘을 보며
걸림돌은 돌아가고 벼랑은 뛰어내리며
낮은 곳 찾아 가슴 덥힌다

그까짓 이슬 같은 생 욕심 다 버리고

먼바다로 가는 물
강물이 사랑을 쓰고 있다

홍시

햇살도 비껴 내린
상강의 초저녁 하늘은
생의 마지막 불꽃으로 환하다

찬 서리 내린 뒤뜰
삭막한 허공을 찰지게
물고 서 있는 새 한 마리

비바람이 휘몰아칠 때마다
이 악물고 버틴다 그래서,
얼굴이 더욱 빨게진 것일까

해와 달의 긴 세월과
고통과 상처까지도
온 가슴으로 품어
너는 뜨겁게 흐른다

된서리를 얼마나 더 맞아야
나의 시퍼런 심장의 피가
붉게 흐를까

시작노트

나이를 먹는다는 것은
노을처럼 나를 곱게 물들이는 것
세월 속에 익어가는 것이다

끝이 보이지 않는 코로나 터널
오도카니 앉아 있을 수 없어
어설픈 시간의 조각들 퍼즐 맞추고
모자란 꿈들 동그마니 다듬어
발그레한 노을 노 저어 간다

새날을 향하여 밤 배 저어 가는 강
'꽃 피는 강' 소시집 엮으며
붉은 노을의 열정으로
나를 피우는 일
지금부터 다시 詩作이다.

손 태 균

꽃을 위한 序詩

손태균 시인은 합천군 가야면 출신으로 대구공고, 경일대, 경북대농업개발대학원 졸업 후 경북대경영대학원 최고경영자 과정을 수료하였으며, 한국농어촌공사에서 33년간 근무하였고, 낙동강살리기사업 공사감리 및 인도, 필리핀 최초 새마을 시범사업을 수행하였으며, 현재. 건설사업관리와 병행하여 시를 쓰며 삶의 노을 꽃밭을 가꾸어 가고 있다.

· 노을강시학 신인상(2019)
· 올해의 맛있는 시 작품상(2020)
· 시집 『불갑초』
· 육필시집 『꽃을 위한 서시』 외 4권
· 6인시집 『꽃 피는 강』
· 국제펜한국대구지역위원회원
· 대구광역시북구문인협회원
· 노을강시학 동인

내 영혼의 보석상자 손태균 육필시집

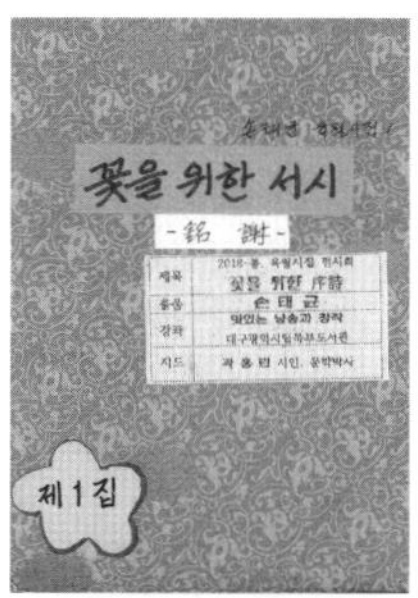

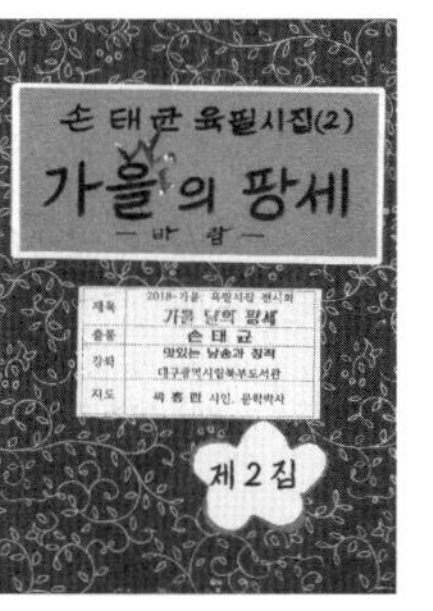

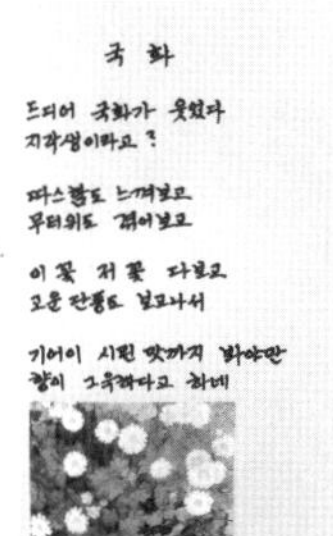
국화

드디어 국화가 웃었다
지각생이라고?

따스함도 느껴보고
무더위도 겪어보고

이 꽃 저 꽃 다 보고
고운 단풍도 보고나서

기어이 시린 맛까지 봐야만
향이 그윽해진다고 하네

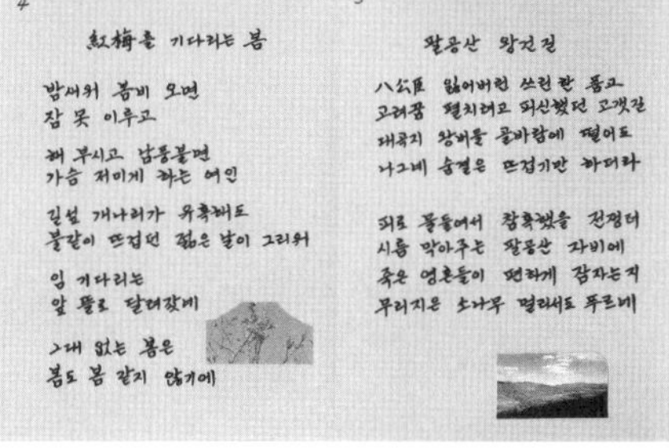
紅梅를 기다리는 봄

밤새워 봄비 오면
잠 못 이루고

해 부시고 남풍불면
가슴 저미게 하는 여인

길섶 개나리가 유혹해도
볼같이 뜨겁던 젊은 날이 그리워

임 기다리는
앞 뜰로 달려갔네

그대 없는 봄은
봄도 봄 같지 않기에

팔공산 왕건길

八公巨 잃어버린 쓰린 한 품고
고려꿈 펼치려고 피신했던 고갯길

재곡지 왕비들 골바람에 떨어도
나그네 숨결은 뜨겁기만 하더라

피로 물들어서 참혹했을 전쟁터
시름 막아주는 팔공산 자비에

죽은 영혼들이 편하게 잠자는지
무리지은 소나무 멀리서도 푸르네

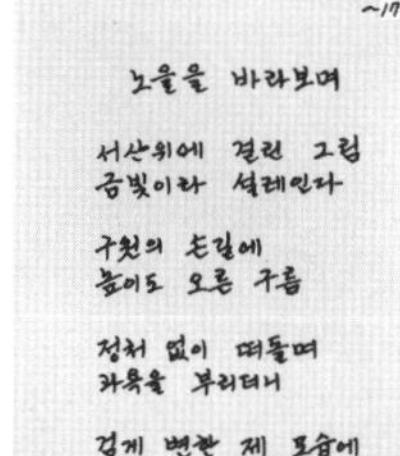
노을을 바라보며

서산위에 걸린 그림
금빛이라 설레인다

구천의 손길에
높이도 오른 구름

정처 없이 떠돌며
과욕을 부리더니

검게 변한 제 모습에
뉘우쳐라도 하였는지

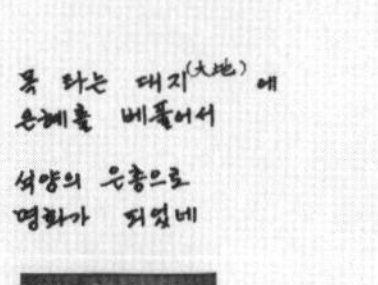
목 타는 대지(大地)에
은혜를 베풀어서

석양의 은총으로
명화가 되었네

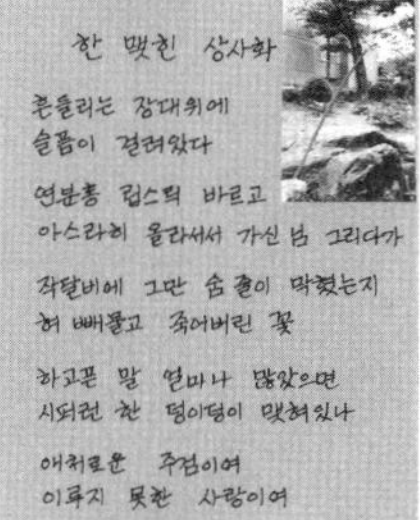
한 맺힌 상사화

흔들리는 장대위에
슬픔이 걸려있다

연분홍 립스틱 바르고
아스라히 올라서서 가신 님 그리다가

작달비에 그만 숨결이 막혔는지
혀 빼물고 죽어버린 꽃

하고픈 말 얼마나 많았으면
시퍼런 한 덩이덩이 맺혀있나

애처로운 주검이여
이루지 못한 사랑이여

누른강변 누렁이

철옹성 쌓아놓고 평화롭던 합천호
경자년 긴 장마에 분통이 터졌는지
황강변 누렁이를 수마로 휩쓸었다
200리길 흘러가는 슬픈 울음 듣고서
말양고을 유정 께서 측은히
여기셨나
전세트럭 타고서 집으로 돌아가네

부활의 봄

뒷동산 오솔길 양지바른 언덕
아직 시린 땅에서
둥글래
얼굴을 내 밀었다

삭고 있는 숱한 낙엽사이로
노랗게 솟고 있는
새 생명들

봄인 걸 어떻게 알았을까

어둠에 갇혀 썩는 참회로
내가 너로, 네가 나로 서로 바뀌어도
새롭게만 태어난다면

축가祝歌를 불러도
더할 일이 남겠다

지경령地境嶺

이른 아침,
관봉능선 숨차게 오르면

아련한 동해에서
불덩이 하나 서서히 솟구친다

십만 리길 쉬지 않고
돌고 돌아도
지치지 않는 저 태양처럼
일하자 다짐하고

복사꽃 흐드러진 고갯길
되돌아 넘으면

기다린 듯 나타난 노을
'오늘도 수고했노라' 했던
지경령

다짐의 출근길
위로의 퇴근길
꿈의 고개이더라

수성못 수양버들

수성못 수양버들
누군가를 기다리네

새벽 단비로 긴 머리 감고서
빗질을 곱게도 하였구나

초록으로 물들인 꽃 머리칼
봄바람에 찰랑이며

물속으로 사라진
그대 달님 그리워
호수만 바라보나

멍하니

새내기 하교 시간

점심때가 지나면
달산초등학교 정문 앞에 모여든 엄마 떼
교문을 나서는 새내기와 눈 맞으면
약속이나 한 듯 하나같이 빙그레 웃고는
업고 있는 책가방을 벗겨
핸드백처럼 한쪽 어깨에 걸친다.

학동들은 황급히 사라지고
커피 향 뿜으며
어디론가 가고 있는 느린 발걸음
한가롭다

제자 등에 업혀 행복했을 교과서
매달린 신세가 처량해
할 말을 잃은 건지

아니면, 참고 있는지
고요하기만 하다

허블레아니호의 할머니

2019. 5. 29
부다페스트 다뉴브강에서
힘센 바이킹시건호가 받아버린 허블레아니호

시린 홍수가 삼켜버린 암흑 속에
한 노파가
아이를 껴안고 숨져있었다네

큰 충격과
거센 물살을 어떻게 견뎠을까

손목이 쑤시고 허리가 아파도
업어서 재워주고 씻어서 입혀주고
먹여서 놀아주면서
때론,
고귀한 목숨까지도 내어놓는 어머니의 어머니

사랑은
받는 것 보다 주는 것이 더 행복한 걸
할머니도 아셨나보다

유학산 천둥

유학산 839고지 휘감은
팔월구름 포연 같다

같은 피로 물든 능선에
그만 분기탱천하였는지

뇌성으로 통곡하고
눈물까지 펑펑 쏟네

어미 품 그리웠을 학도병과 의용군
어쩌다 적이 되어 총검 겨눠 싸웠더냐

도봉사 목탁소리 시공時空으로 울리건만
어린 영혼들은 아직도 잠들지 못하고

낮 선 숲속에서
서성이고 있나보다

8월을 넘기며

쓰르라미 사라지고
귀뚜라미 슬픈 구월초하루
널 넘기니 허전하다

그대 머물 때
난 너무 지쳐버려
너 또한 지나가리라했지만

엄동설한에도 꿋꿋한 정자나무로
더운 몸 식혀주고

때론,
원망했던 폭우도
애타는 그리움이 된다는 걸 일깨웠지

불볕더위 피하지 않고
하염없이 기도하는 측백나무에게
은총 내리고

주름진 농부 얼굴 펴주려

청초한 도라지 편에
위로의 마음 곱게 싼 별보자기 보내더니

파란 하늘에
목화 같은 구름 피우고
무지개 띄워 위로해 주었지

아~!
애증의 8월이여
엄동설한에 눈꽃 휘날리면

내겐, 오직
그대생각 뿐이겠다

젊은 메타세쿼이아의 죽음

어떤 피조물이
같은 생명을 허투루 여기는가

우리 아파트에 입양된
내 젊은 벗 메타세쿼이아가 갑자기 처형당했다

속이 붉게 멍들도록 시린 풍설 견뎌내고
그토록 그리던 봄이 왔건만
주야로 동초 서며 동해 일출 반기려
키 키운 것도 죄이던가

애연가의 탁한 연무 외면치 않고
시퍼런 길고양이 발톱들도 참아내던 그인데

재판도 없이 동대표가 사형을 선고하고
팔과 목을 기계톱으로 잘라
끝내, 생선처럼 토막을 내었다

그루터기에 남은 질곡의 20년 역사
피멍 들어 애처롭다

폐타이어

실향민 검정 고무 씨氏
길가에 나 앉았다

낯선 이국땅
빙판길도 마다않고

세찬 바람 헤치며
밤낮으로 누비더니

지문이 닳아버려
고향 찾아 못 가는지

안전 고깔 끌어안고
서러움 달래며

지나가는 차들 보며
추억에 잠겨 있다

퇴고推敲

눈 덮인 호수 위에서
붓으로 건져 올린 송사리 한 마리
파닥거린다

단 한번 깜빡임도 없이
빤히 쳐다보는 시선 외면하고
금강석에 벼린 칼로
그놈의 목을 잘랐다

꼬리에 달아볼까
배에다 붙여볼까
어찌하면 멋져질까

시퍼런 날에도 빛나던 과녁
점점 흐려져만 가는데

쏘가리는 보이지 않고
주검만이 음산하다

시작노트

중학교 2학년 때의 일이다. 국어선생님께서 서예전 참가 학생을 선발했다. 우연히 뽑힌 나는 화선지에 쓰인 시조를 그대로 붓으로 투명지에 그렸다. 그때 처음으로 서예의 즐거움을 맛보았고 정형시의 흥도 느꼈다. 이것이 인연이 되어 교지 창간을 위한 정서 작업을 하면서 문학가의 꿈을 키웠지만, 가정 형편상 실업고를 선택할 수밖에 없었다.

고등학교 졸업 후 경부고속도로건설현장 등에서 학업 중단의 서러움을 느끼다가 파월 국군이 위기로 치닫던 1972년, 교육생 1개 대대를 전원 차출해 파병한다는 풍문을 듣고 광주포병학교에 입교했다. 사격지휘반장 교육을 받으러 풍익당에 들어갔을때 도판 위에 쓰인 낙서가 눈에 들어왔다.

> "어여쁜 아가씨가 찾아오거든 전선으로 떠났다 말해주오.
> 떠나면서 남긴 말이 없더냐고 묻거든 그저 눈물만 흘리더라 전해주오."

이 글은 내게 감동이었다. 물론 처지가 비슷해 그럴 수도 있었겠지만 한 줄의 글이 인간의 마음을 움직일 수 있음을 알았다. 그후 전방 근무동안 육군본부에서 정기 발간물 『전우신문』을 읽고 공감 가는 시를 옮긴 시화첩 『陣中念』을 만들어 제대할 때 가지고 나왔으나 더 이상 시를 접할 기회가 없었다. 퇴임 후 느지막이 다시 시를 공부하는 이 즐거움은 무엇과도 비할 수 없다.

강 경 자

또 다른 시작

· 노을강시학 신인상(2020)
· 육필시집 『또 다른 시작』 외 2권
· 6인시집 『꽃 피는 강』
· 국제펜한국대구지역위원회원
· 대구광역시북구문인협회원
· 노을강시학 동인

내 영혼의 보석상자 강경자 육필시집

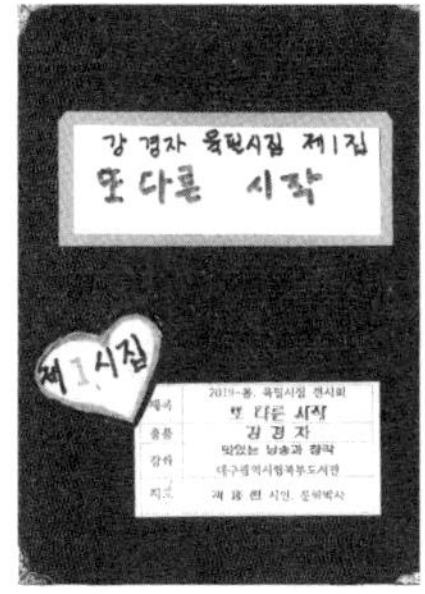

홍매 피는 날

바람이 아직 찬데
홍매
도서관 뜰안 가득하다

백세를 채우자던
팔남매의 약속을 버린채
단종을 벗삼아
훌훌 떠나셨다

당신을 기다리는듯
봉우리가
터질것만 같은데

중심

당신은
소리 없이
소식도 없이
내마음에
자리 잡았습니다

사랑도 감사도 나눔도
인내도
당신에게서 배워 갑니다

끊임없이 가렵니다
중심에 당신이 있어
두렵지 않습니다

울 엄마

묵향처럼
난향같이 그윽한 향기로
내게로 오는 당신

평범한 것이 진리이고
감사라는 것을
무언으로 실천하던 당신

칠순이 훌쩍 넘은 지금도
허공을 향해 불러봅니다
엄마 ~

세찬 세월
전쟁의 아픈 역경에서도
오뚝이처럼 우뚝 섰던 단아한 당신

후덕함과 여유로움
숨은 희생은

진한 국향으로
내 가슴에 남았습니다

새벽 기도

하루의 시작이다
신비롭고 복된 시간
새벽 공기가 맑다

길가에 돌하나 풀포기 하나
소중하지 않은것 없다

홀로 두지 않고
더불어 시작이다

문을 열면
밀려오는 파아란 하늘

주어진 모든 것에
두손 모은다

너를 기다리며

하늘을 활짝 열어 하늘을 봅니다
오늘 만날 수 있음에 감사 입니다

비오는 아침
만물이 깨어나고
목련이 눈을 뜹니다

바람이 불어 옵니다
보이지 않는데
어쩌면 이렇게 좋을까요

냄새도 모양도 없이
잠시 머물고
돌아 서 버림

바람 타고 오는 훈훈한 향기
어제 처럼
오늘을 기다립니다

노을 처럼

제주에
저녁 하늘은
유채꽃으로 핀다

노오란 꽃 밭은
유난히 밝다
내 마음도 밝다

긴 여정은 노을인가
노을로
뉘엿 뉘엿 거리면

월하리에서

벼이삭 산 빛으로 익어가는
너른 철원 들녘
우두커니 혼자 남아 증언하는가

비와 바람 그리고 세월로도 지울 수 없었는지
노동당사 기둥마다 처절한 피의 흔적
동족상잔에 애통이 내 가슴을 친다

하늘 향해 휴전을 선포한던 그 날
더러는 북쪽으로 또는 남쪽으로 떠나갔지만
마음만 보내고 온몸으로 전하는 역사

반쪽으로 잘려진 강과 산이
하나로 이어지는 그 날
무궁화 환하게 핀 월하리 달빛따라 걸으며
나도 한 송이 꽃으로 웃을 수 있겠네

노을처럼

제주에
서녘 하늘은
유채꽃으로 핀다

노오란 꽃밭은
유난히 밝다
내 마음도 노오랗게 밝아진다

삶에 여정은 노을인가
노을로
뉘엿뉘엿 피고 있다

두 손 모으고
가만히 눈을 감는다

유채처럼
제주의 하늘은
고운 노을로 익어간다

또 한 번의 가을

꽃들이 가면
단풍이 온다

뜨는 해보다
지는 해가 더 멋있다

가을 길을 걷는다
햇살 비낀 단풍이 곱다

멀리 지는 해를 보며
노을 진 언덕을 넘는다

나를 사랑한다
모두를 사랑한다

가슴을 넓게 열고
슬픔도 미움도
기쁨으로 감사로 품고 간다

새벽 기도

하루의 시작이다
신비롭고 복된 시간
새벽 공기가 맑다

길가에 돌 하나 풀포기 하나
소중하지 않은 것 없다
홀로 두지 않고
더불어 시작이다

문을 열면
밀려오는 파아란 하늘

주어진 모든 것에
두 손 모은다

평산申씨 東日

묵향처럼 난향처럼
그윽한 향기로
내게로 오는 당신

평범한 것이 진리이고
감사라는 것을
무언으로 실천하던 당신

칠순이 훌쩍 넘은 지금도
허공을 향해 불러 봅니다
엄마

세찬 세월이 흘렀어도
전쟁에 아픈 역경에도
오뚝이처럼 우뚝 선 단아한 당신

후덕한 마음으로 여유롭던
숨은 희생은
노오란 소小 국향처럼

아름다운 발자취로
가슴에 남았습니다

너를 기다리며

창을 활짝 열어 하늘을 봅니다
오늘 만날 수 있음이 감사입니다

비오는 아침
만물이 깨어나고
목련이 눈을 뜹니다

바람이 불어
보이지 않는데
잡히지 않는데
어쩌면 이렇게 좋을까요

냄새도 모양도 없이
잠시 머물고 돌아서 버린

바람타고 오는 훈훈한 향기
어제처럼
오늘을 기다립니다

아침엽서

당신은
소리 없이
소식도 없이
내 마음에
자리 잡았습니다

사랑도 감사도 나눔도 인내도
당신에게서 배워갑니다

끊임없이 가렵니다
중심에 당신이 있어
두렵지 않습니다

아침 해 같은 행복
오늘도 내일도 설렙니다

구절초 꽃등

이름 묻지 않아도
그냥 좋다

길섶 비탈진 곳
하얗게 노랗게 보랏빛으로
무리 지어 살고 있다

활짝 핀 작은 꽃
한 줄기에서 나와
한 송이 큰 등이 되었다

신비의 불 앞에서
언제나 설레인다

숨결조차 멈춘 듯
깊은 숨 모아
너를 노래한다

물안개 꽃다발

명성산 깊은 골
산정호수
흰 꽃 무리 지어 피어난다

옛 군주 말발굽 소리에
산천이 기지개 켜며 풋잠을 털고

어미 동박새 모이 물고
도화목桃花木 건너 대추 가지로 날아간다

갈릴리 호수 언덕에
제자에게 말씀하시듯

내게 던지시는
조용한 당신의 음성을 듣습니다

안개는 호수를 가득 채우고
당신의 말씀은
텅 빈 가슴을 채웁니다

코비드19

바벨탑이 무너졌다.
광활한 시날평지 딛고
하늘 향해 까치발 들던 허욕

코비드19
치료제, 백신
하염없이 기다린다

입 막고 살아라한다
발 묶고 살아라한다
손발 싹싹 씻으며 살라한다
멀찌감치 떨어져 눈인사만 하란다

몰랐다.
고마운 줄 몰랐다
가고플 줄 몰랐다
정말 그리울 줄 몰랐다.

신께서 보내신 편지
너무 늦게 읽었다

시작노트

한여름 폭염 속 꾸준히 다듬던 글이
단풍이 물들어 가는 가을에
책으로 나온다
가슴 두근두근거리며 기다린다
내 마음 속 이야기를
곽홍란 교수님과 함께
아주 작게 조금씩
이제야 꺼내고 있다
여든을 바라보는 지금
한 줄 한 줄 시를 쓰면서
보다 활기찬 삶,
그 의미와 기쁨을 맛보고 있다

이 기 훈

꽃보다 시

장애아를 키우며, 그늘지고 소외된 곳의 사람들과 살아가는 삶 속에서, 고갯길이 가파를수록 어깨가 무거웠고, 세상은 더욱 냉혹했고, 경멸의 선을 넘는 냉소에 일관성이 흔들리기도 했습니다. 일상의 고난과 아픔마저도 삶의 한 단면으로 의미를 만들어준 그런 시를 만나게 해주신 곽홍란 선생님과 언제나 나를 믿어주고 지켜준 사랑하는 가족들에게 감사를 드립니다.

· 노을강시학 신인상(2018)
· 올해의 맛있는 시 작품상(2019)
· 육필시집 『꽃보다 시』 외 3권
· 6인시집 『꽃 피는 강』
· 대구광역시수성구문인협회원
· 노을강시학 동인

내 영혼의 보석상자 이기훈 육필시집

아버지 어깨

찬바람 불고간 솔나무 가지에는
푸름을 자랑하던 생기는 잦아들고
메마른 목피만이 활먹이듯 갈라졌다.

매운세월 지나간 아버지 어깨에는
세상과 맞장뜨던 뚝심은 스러지고
서글피 움츠려든 그 어깨가 애달프다.

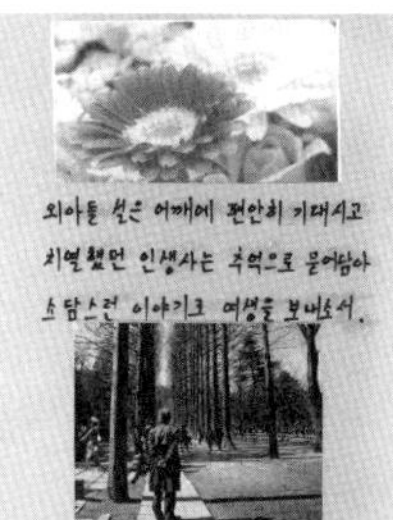

왜관리 광수 아버지

젊은시절 미소가 싱그런 아내를 만나
아이들과 행복했지만
가장의 꿈은 세파에 흩어지고

좌가론 편땅에
신문분장 깔고 자도
언제나 가족의 꿈을
꾸었다는 당신

어두운 일상 서러운 고립감에 아프고
소박한 소망도 이루기에 벅찼지만
슬픔도 기쁨도 없이
사물처럼 살아온 세월은
가족의 밝은 얼굴을 피우려
거름으로 바뀌고

이기훈 육필시집

- 그리운 것으로부터의 詩 -

<그리운 것으로부터의 詩>

이기훈(개인사업)

<맛있는 낭송과 창작>

곽홍란 시인

제3시집

봄이 오는 등굣길

아침에 눈을 뜨면
함께하는 아이가 있다는 것이
얼마나 다행한 일인지

언제나 동행하고 싶은 이가
내 아이라는 것이
얼마나 행복한 일인지

부모로 살아가는 시간속에

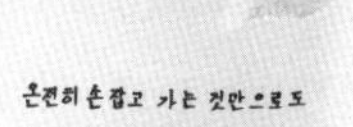

봄바람이 향긋한 날
등굣길 버스를 기다리는 아이의 미소
꼭꼭 채워지는 즐거움으로
하루를 시작해 본다.

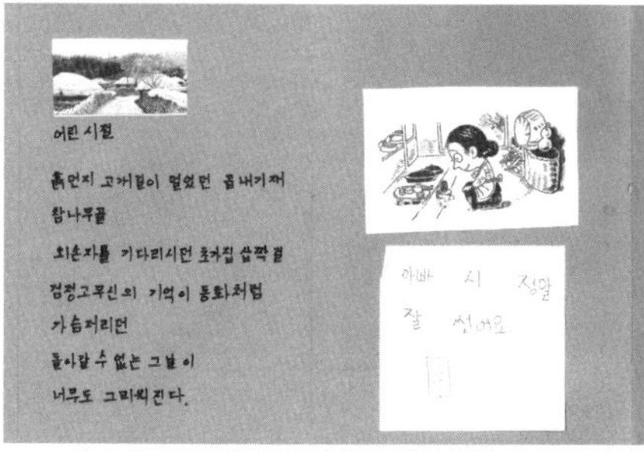

1인 시위

세상의 위로도 격려도 없는 몸부림
가시 박힌 눈방울엔
멍울멍울 피눈물이 쏟아지고
찢겨진 가슴엔
너겁처럼 피떡이 켜켜이 앉아도
끝끝내 가야만 하는 그 자리엔
지린 단내에 몸부림이 절로인다

포기가 가장 큰 적이라고 했던가
맨머리로 돌우박을 치받는 심정으로
자신을 다그쳐 오늘도 나선다
세상이 더넘스러이 멀어져만 간다 해도

마지막 그날은 기어이 오고 말리라
맨발에 성냥불 하나로
나를 사를지라도
맨발의 그를 바라보는
어머니의 한숨에 땅이 꺼지더라도
가족의 눈물이 강을 이룰지라도
척박한 세상을 향해
오늘도 목놓아 외치리라

어머니 밥상

시인의 세상에는
단단한 쇠도 덧없는 눈물을 흘리고
큰 바위도 세월의 무게로 상념에 잠긴다

시인을 만나고
차가운 슬픔만이 서렸던 공원 묘석이
따뜻한 봄 햇살 속 싱그런 생기로 살아
어머니, 따뜻한 체온을
가없이 전하신다

피 흘리어 구급차에 실려 가던 어머니
끝까지 지켜드리지 못한 외아들
차마 보내드릴 수 없어
긴긴 세월 목이 메인다

시인의 마을에서
어머니 손때 묻은 둥근 옻칠 밥상에
수북한 보리 고봉밥
양은냄비 강된장국에
채나물 척척 비벼 내시던 모습이
보고프다

꽃

아름다운 것들 슬픔으로 스러져 가도
때가 되면 그 자리에 또 꽃이 핀다

강창교 지나 금호강 접어드는 구름과 물은
생성과 소멸로 흐르지만

어머니 맺은 사랑은 자욱한 안개꽃으로
피어나는 것일까

삶과 죽음도 피고 지는 꽃인 것을
강가에 앉아 지나온 경계를 허물고
나도 한 송이 꽃이나 될까

곱내기재 참나무골

외할머니 손때와 짚깔비 그을음이 가득한 가마솥
그 세월의 손맛이 덕지덕지 붙어서일까
화근내 가득해도 꿀맛 같던 시락국에
고봉밥이 떠오른다

호롱불이 하나둘 반딧불 마냥 켜지고
뒷산 참나무 숲으로 별빛이 쏟아 내릴쯤
외양간 쇠죽 쑤는 구신 냄새에
누렁소 울음소리 아늑하던 산골마을

그릉그릉 풍구소리 들리던 외양간 옆
흙벽 문간방
낮선 흙 천장 지푸라기 떨어질까 걱정하며
아궁이 잔설불에 구운 감자 기다리던 어린시절
흙먼지 고갯길이 멀었던 곱내기재 참나무골

외손자를 기다리시던 초가집 삽짝걸
검정고무신의 기억이 동화처럼 가슴 저리던
돌아갈 수 없는 그날이
너무도 그리워진다

왜관리 광수 아버지

젊은 시절 미소가 싱그런 아내를 만나
아이들과 행복했지만
가장의 꿈은 세파에 틀어지고
차가운 맨땅에 신문 한 장 깔고 자도
언제나 가족의 꿈을 꾸었다는 당신

어두운 일상 서러운 모멸감에 아프고
소박한 소망도 이루기에 벅찼지만
슬픔도 기쁨도 모른 채
사물처럼 살아온 세월은
가족의 밝은 얼굴을 피우려
거름으로 바치고

내일이 삶의 끝자락이 될지라도
힘들었지만 행복했다고 기도를 하며
청년의 꿈을 꾸는 팔순이
바로 아버지!
내 아버지의 모습입니다.

어떤 동행

어쩌면 나의 죄를 대속하려 태어나
온전치 못하고 가여린 그 몸으로
아파도 슬퍼도 말 한마디 못하고
가도가도 먼 길
고행처럼 가는 것은 아닐까

세월을 따라 떠나는 그날이
너보다 하루만 더 사는 날이 되길
열심히 간구하며 살았다지만

오히려 그날을 안심시키려
티 없는 웃음으로 가리고
속울음을 삼킨 너의 세월을
내가 지쳐 외면한 건 아니었을까

보이지 않는다고 길이 없지는 않으니
가다가다 못 가면 쉬었다 또 길을 닦고
너의 밝은 웃음을 끝까지 지키며
걸어가겠다

김밥 트라우마

요즘 같은 계절이면 생각나는 친구가 있다

모두가 사는 것이 팍팍하던 어린 시절
계절이 지난 낡은 옷차림에
팔꿈치 때가 옹이처럼 박혀 있던 친구

육학년 가을 소풍
보리밥에 쉰 깍두기 도시락이 안쓰러워
어머니와 애처로운 마음에
몇 개의 김밥을 내밀었지만
끝끝내 거절하던 친구

하루가 짧게 느껴지던 즐거운 소풍날
친구는 그 어린 마음에
너무나 길고 긴 하루를
지키고 참으며 있어야 했다

그날의 기억 때문일까
너무나 흔한 김밥이
슬프고 아파 목이 메이는 무엇이 되었다

오랜 세월이 지난 지금
같은 세월을 보내고 있을 그 친구를
어디선가 다시 볼 수 있다면
김밥 한 광주리 내어놓고
그날의 기억을 따뜻이 만져주고 싶다

요즘 같은 계절이면 생각나는 친구가 있다

허공에 심는 어머니의 꿈씨

- 자폐아의 날 어머니의 삭발식

나는 아이와 나란히 걸어간다
아픔은 일상인양 꼭꼭 씹으며
돌부리 투성이 거친 길 조용히 걸어간다

생채기 가득한 손
그래도 맞잡은 손길이 따뜻하게 느껴짐은
살아가는 날에 애착이 남아 있기 때문이다

저 청한 하늘이 남의 일처럼 서럽도록 시린 날
사람들이 가득한 한길에서
새파랗게 잘려나가는 머리카락
격정과 노여움의 바다 한가운데로 떠박질린다

그래도 울지 않고
나는 아이와 나란히 걸어간다
아리고 쓰린 아픔은 꼭꼭 씹고 삭혀서 단물을 내고
아이의 입에는 아름다운 세상을 뚝뚝 떼서 먹인다

달빛이 조용한 날 아이와 나란히 섰다가
길게 늘어진 두 그림자 사다리 삼아

꿈에 오른다
새벽보다 천진스레 피어나는 사랑의 꿈

붉은 눈의 아버지

검게 그을린 각진 얼굴에 은갈색 라이방
26인치 허리에 커다란 베레타 권총
날을 세워 다린 푸른 군복의 젊은 장교
귀국 후 처음 만난 날 나는 아저씨라고 불렀습니다.

참혹한 전장 속에서도 항상 미소띤 얼굴
아버지는 그런 곳에 있어도 괜찮은 사람
참혹한 시체 옆에서도 말끔히 있을 수 있는 사람
나는 그렇게 알고 유년을 보냈습니다.

평범한 일상 속에서
문득문득 보이던 전율할 붉은 눈빛
광폭하기도 했던 살기 어린 표정은
나는 두렵고 싫었습니다.

작고 단란한 가정의 평범한 아버지
평범하기 그지없는 가족을 위해
아버지는 그렇게 처참한 속에서도
미소를 띠고 말끔하게 있어야 했나 봅니다.

일상 속에 문득문득 보이던
전율할 붉은 눈빛과 살기 어린 표정은
상처받은 그날의 기억이 고질병처럼 파고드는 고통의
몸부림이었음을 나이가 한참 들고서야 알았습니다.

이제는 떠나시고 없는 자리
위로도 위안도 없었던 서럽고 힘겨운 세월은
덧없이 지나고
철없던 아들은 이제 초로의 나이가 되어 당신을 그려봅니다.

복숭아 꽃이 만개하고 햇볕이 따스한 날
그늘이 시원하고 맑은 샘물이 넘치는 곳을 찾아
고소한 참기름을 살짝 얹은 주먹밥을 한소쿠리 내어놓고
돌아오지 못한 전우들과 아버지의 손등을 어루만지고 싶습니다.

아버지 사랑합니다.

곽홍란 교수님과 자화상 찾아가기

손을 뻗으면 금방이라도 닿을 듯
낮고 흐린 하늘이 편하던 시절이 있었습니다
지치고 늘어진 내 영혼으로는
높고 푸른 하늘은 도저히 닿을 수 없을 것 같아
차라리 외면하였습니다

높은 산 깊은 골을 지날 때면
신선하고 맑은 바람을 맞기보다
나를 가리는 짙은 안개 속에서
깊은 옹이의 노송과 서늘한 그늘 바위를
동병상련의 벗으로 위로 삼아
피곤한 내 영혼이
영원히 잠들기를 바랐습니다

마음대로 죽을 자유마저 빼앗긴
시리고 슬픈 굴레 속에
영혼은 파편처럼 흩어지고
고난이 일상이 되어버린 삶 속에
순간순간을 연명하는 상실의 노예가 되어
나를 잃어버렸습니다

우연한 당신과의 만남
낯설고 짧은 순간이었지만
청아한 음성과
곰삭은 몸짓을 통한 가르침에
높고 푸른 하늘을 바라보며
신선하고 맑은 바람을 맞이할 수 있는
용기를 얻었습니다

사랑으로 세상의 영혼을 구원하신
구세주를 맞이하듯
자비로 세상을 깨우치신 세존을 모시듯
진심으로 당신을 맞이하고 모시면서
인간 본연의 감성을 다시 깨우고
잃어버린 나를 찾아가겠습니다

시작노트

어쩔 수 없이 쌓여가는
마른 뼬처럼 바스라지는 세월
깊은 잠을 자듯 어둡고 적막한 것이 편했다

볕이 들지 않는 그런 곳
식어버린 가슴
아침을 기대하지 않는 눈빛으로
어스름한 긴 하루가 익숙했던 날들

고된 세월 미련없는 세상 속
커져만 가는 삶의 무게
날마다 다시 일어나 보아도
변한 것은 없는 듯
무기력한 내가 싫었다

그래도
찔끔찔끔 마른 튜브를
간신히 비틀어 짜듯 시를 썼다

기어가는 힘이라도 남아 있다면

서투른 무언가라도 쓸 수만 있다면
시를 안겨준 선생님과
사랑하는 가족에게
희망을 길어올리는 샘물같은
편지를 보내고 싶다

곽 홍 란

내 삶의 가장 아름다운, 지금

· 《조선일보》, 《매일신문》 신춘문예
· 동시집 『글쎄, 그게 뭘까』
· 시집 『직선을 버린다』,
　　『환승역, 고흐』
· 소리시집 『내 영혼의 보석상자』,
『가슴으로 읽는 따뜻한 시』 등
· 노을강시학, 아카리더 동인

내 영혼의 보석상자 곽홍란 육필시집

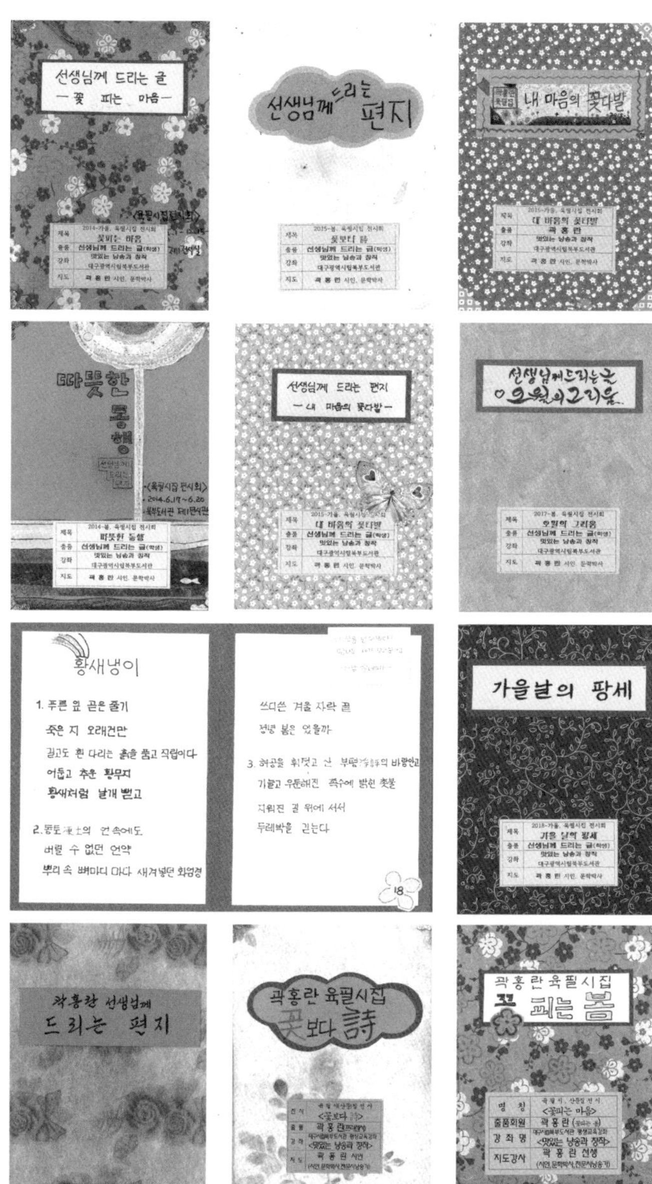

보길도 詩篇

처용의 달을 안고
즈믄 바다 찾아간다
깨어진 복사뼈로 곤두 박힌 질경이 풀만
무너진 언덕 괴면서 피돌기로 잇던 섬

속살 찢어 일구던 땅 푸른 싹 언제 돋을까
희미해진 눈 비비며 북극성 불러와서
파도는 잠들 수 없는
빈 새벽을 깨웠다

툭 툭 튀는 포말 앞에 짙붉게 타는 동백
수평선 끌어당기면 어둠도 부서지고
먼 하늘 가로질러서 천궁天弓을 펴올렸다

보길도 비탈마다 돌아갈 길 열어놓고
조선의 검은 깻돌
자
르
르

물살에 굴려
서늘한 무명의 아침 씻어 널고 있었다

만남

아이야!
지구를 살아있게 하는 건
만남이란다

초록별 지구를 숨 쉬게 하는
참 아름다운 만남

새싹이 쏘옥, 눈 뜰 수 있게
빗장 문 열어 주는 흙

병아리 맨발이 시려울까
종종종 따라 다니는 아이들

참새, 토끼, 다람쥐, 고라니들의
추운 겨울을 위해
풀섶에 낱알곡 남겨두는 농부

어디 이것뿐이겠니?

작은 물결에도 놀라

두 눈이 동그래진 물고기 떼를
품어주는 바다풀

뿌리를 가지지 못한 겨우살이에게
가지 한 켠을 쓰윽 내어주는 물참나무

이런 아름다운 만남으로
지구는 푸르게푸르게
숨 쉬며 살아있는 거야

세한의 꽃잠

겨울, 언 바람 속 붉은 등 켜들고 선
은목서 아니어도
나무 한 그루 품고 산다
살과 뼈
스스로 발라 흰 허리를 세우는

지나온 구비마다 때 절은 허욕의 집
마음 속 갈피마다
무성히 뻗은 줄기
보란 듯
나목裸木으로 서
하늘에 눈을 씻는

어둠이 짙을수록
켜켜이 앉히던 별빛
인적 끊긴 적소에도 스스로 타오르던
저 붓끝
시퍼런 세한歲寒
칼날에도 꽃잠이다.

산도라지

거칠고 억센 껍질 통째로 벗겨내고
뻗나간 잔가지들 툭툭 잘라 던지고
흰 등줄
엄지 부리로 얇게 눌러 저민다

죽여도 죽지 않는
희디흰 성질머리
어둠 속 암벽 찾아 길 뚫는 세포의 가시
천일염 한 주먹 뿌려 바락바락 문지른다

탈탈 털어 설탕 식초 고춧가루 덧뿌리고
벅벅 갈아엎어도
되살아 쏘는 아린 맛
무한포
지뢰 딛고도
떨지 않는 너, 산도라지

어머니별

하루의 짐 내리고 남루를 뉘는 저녁
숭숭 구멍 뚫려 찬바람 나들던 속내
어머니
다 읽으시고 촛불 밝혀 두셨습니까

어둠의 이마를 짚고
외시는 저 천수경
밴댕이 속 이 고삐, 그 품에 풀어놓습니다
흰 새벽
등대로 서신
어머니의 바다에

때 절은 손과 발
가시 박힌 눈자위도
하늘 못에 헹구어 또 아침을 여시겠지요
어머니
날개깃 접고 내일을 기다릴게요

새날이 밝아오고 다시 천길 쑥구렁
멀어진 길 위에서 내 발걸음 뒤틀려도

언제나
날 맞아
손잡아 주실
당신이잖아요 어머니

바람의 편지

새처럼 들풀처럼 그리 살라 하셨습니까
드넓은 하늘의 깃
헤아리려 들지 말고
오롯이 그 품에 안겨 피어나라 하셨습니까

까닭 없이 멱살 잡는
지상의 삶이라도
등 떠밀고 달아나는 한줌 햇살이라도
묵묵히
불러야 할 이름
잊지 말라 하셨습니까

나의 강은 살얼음 져 겨우내 잔기침인데

툭, 어개를 치는 바람
그대의 말씀입니다

허튼 길
끊어진 자리
그곳에 날 두라는

화인火印

- 뮤지컬 〈see what I wanna see〉

'참 진짜 미친 건 매일 똑같은 일
똑 같이 반복하며 특별한 걸 기대하는'
오지게 한 대 맞았다
뒤통수가 얼얼하다

미친 사람 나부랭이 글쯤 여기고 그냥
흘려내려 버리려던
화장실 물 같은 문장
천천히
되새기다가 본다 진짜 미친 나,

흔한 너울 맴돌며 표류인 줄 몰랐다니
닻과 돛 뒤바뀐 모음母音 폰번 메일도 잊은 노櫓
나침반 침 고쳐 꽂고
난파선 나,
예인曳引한다

언총言塚

입 닫을 수 없고 혀 감출 수 없는
그런 날 늘어나면서 귓불 살이 올랐다
한때는 잘 들으려고 더듬이를 세웠지만

이제는 잘 들으려고 더듬이를 내린다
말이 말을 만나 말꼬리 줄 잇는 날
수북이 덮어줄 풀잎 달구지에 싣는다

비루한 어둠 스며 절망의 생알까던
말이 묻히고 묻혀 무덤 된 말의 고분古墳
그 곁에
구덩이 파 수레 묻고
나도 마저 묻힌다

심장에 곤두박여 아픔으로 자라던 싹
땅의 속 커튼 걷고 하늘 창을 힘껏 민다
떠난 말 다 초록 더듬이로
돌아가고 오라고

구들장[1)]

돌이라 하십니까
죽었다 하십니까

단 한번 화토〔花头〕에도
즈믄 날 삭지 않는

대문 밖
얼어온 그대
데워줄 이 가슴팍을

---

1) 구들장:추운 겨울을 나기 위해 열기로 방 바닥에 놓인 돌판을 덥혀 온기를 유지하는 한국의 전통 난방 방식에 쓰이는 크고 넓적한 돌.

오물의 생

나뭇가지 움켜잡고 온몸으로 펄럭이면
잡아줄 손 있을까
벗어날 길 있을까
바람 문
검정폐비닐 허공에서 시를 쓴다

아리고 비린 것들 품었던 속살마다
쉬슬고 곰팡이 펴 찢기고 까무러쳐도
오물로 버려지는 생
한둘이던가, 어디

초록과 꽃의 시간 고깃고깃 갉아먹고
비단실 한 올조차 토해내지 못한 저녁
눈 뜨고 비를 맞는다
어둠 속에 내가 있다

시작노트

1993년 즈음이다. 이름조차 가물한 직원의 전화를 받고 찾아간 작은 도서관, 건물 외벽에는 '시 읽는 도서관' 이라고 적힌 흰 천이 펄럭이고 있었다. 그날 이후 나에게는 매주 수요일 어린이들에게 시를 읽어주는 일이 시작되었다. 예쁘고, 가난하고, 외로운 아이들과 함께 하는 시간이라고 게을러질 때마다 의미를 부여하곤 했다.

세월따라 사람도 주변도 다양하게 바뀌었지만 매주 시를 읽고, 쓰는 일과 함께하는 일은 변함이 없다. 머지않아 서른 해를 바라보면서 그 끈을 놓지 못한 즐거움을 되새긴다면 누군가를 가르친다는 활동을 떠나서 오히려 나에게 시 읽어주는 시간을 선물했다는 것이다.

함께 시를 읽고, 삶을 가꾸어가던 사람들이 모여 작은 시집을 엮는다. 우리의 마음이 날마다 따뜻하게 데워지고 미소짓는 시간이 늘어나길 기대한다.